Shinjinmei

Shinjinmei

Die Meißelschrift vom Glauben an den Geist

Chinesisch / Deutsch

Übersetzt von
Wolfgang I Waas

Mit einem Nachwort von
Hans-Günter Wagner

Reclam

RECLAMS UNIVERSAL-BIBLIOTHEK Nr. 14611
2024 Philipp Reclam jun. Verlag GmbH,
Siemensstraße 32, 71254 Ditzingen

Umschlaggestaltung: Philipp Reclam jun. Verlag GmbH
Umschlagabbildung: Litschizweig mit Früchten. Ausschnitt aus einem chinesischen Farbholzschnitt, Qing-Dynastie, 1644. – © Roland und Sabrina Michaud / akg-images
Druck und Bindung: Esser printSolutions GmbH,
Untere Sonnenstraße 5, 84030 Ergolding
Printed in Germany 2024
RECLAM, UNIVERSAL-BIBLIOTHEK und
RECLAMS UNIVERSAL-BIBLIOTHEK sind eingetragene Marken der Philipp Reclam jun. GmbH & Co. KG, Stuttgart
ISBN 978-3-15-014611-8

www.reclam.de

三祖僧璨大師

信心銘

Meister Sengcan – der dritte Linienhalter

Shinjinmei

Die Meißelschrift
vom Glauben an den Geist

至道無難
唯嫌揀擇
但莫憎愛
洞然明白

毫釐有差
天地懸隔
欲得現前
莫存順逆

Der Höchste Weg ist unbeschwert,
weise nur alle Wahl zurück.
Nur ohne Abneigung und ohne Vorliebe
verstehst du wirklich die klare Leere.

Um Haaresbreite abgewichen
und Himmel und Erde klaffen auseinander.
Um es vor dir zu sehen,
lass los Dafür und Dagegen.

違順相爭
是爲心病
不識玄旨
徒勞念靜

圓同太虛
無欠無餘
良由取舍
所以不如

Der Streit zwischen Dafür und Dagegen:
Genau das ist das Übel im Mark.
Bleibt das Geheimnis unbekannt:
vergebliche Mühe um friedvolles Denken.

Vollendet (ist es) wie die große Leere,
ohne Mangel, ohne Überfluss.
Durch Annehmen und Ablehnen
wird die Fülle nicht erreicht.

莫逐有緣
勿住空忍
一種平懷
泯然自盡

止動歸止
止更彌動
唯滯兩邊
寧知一種

Folge nicht der Bestimmung des Seins,
noch wohne in der leeren Ablehnung.
Das Eine trage im Busen:
So erlischt sicher restlos das Selbst.

Nicht mehr bewegen ist Passivität,
Unveränderlichkeit Ziel der Bewegung.
Einziges Hindernis ist die Zweiheit:
besser den Samen des Einen zu pflanzen.

一種不通
兩處失功
遣有沒有
從空背空

多言多慮
轉不相應
絕言絕慮
無處不通

Das Eine nicht erlangt –
beides verloren.
Das Sein verleugnend ertrinkst du im Sein,
der Leere folgend kehrst du ihr den Rücken.

Viel Reden und Denken
führt nicht zur Wirklichkeit.
Brich ab die Rede, verwirf das Denken:
Niemals (bleibst du) ohne Erfolg.

歸根得旨
隨照失宗
須臾返照
勝却前空

前空轉變
皆由妄見
不用求真
唯須息見

Zum Ursprung kehrend erlangst du das Wesen,
den Erscheinungen folgend fehlst du die Quelle.
Ein Augenblick der Einsicht
verhindert das Verfehlen der Leere.

Im Angesicht der Leere
ist Wechsel nur Schein.
Wahrheit zu suchen ist sinnlos,
aber verlerne zu meinen.

二見不住
愼莫追尋
才有是非
紛然失心

二由一有
一亦莫守
一心不生
萬法無咎

Bleib nicht stehen bei der Ansicht der Zweiheit,
sorglich vermeide, ihr zu folgen.
Erscheinen erst Gut und Schlecht,
dann auch Verwirrung und falsches Bewusstsein.

Ursprung der Zwei ist das Eine,
doch halte das Eine nicht fest.
Ist der Eine Geist ungeboren,
sind die zehntausend Dinge makellos.

無咎無法
不生不心
能隨境滅
境逐能沈

境由能境
能由境能
欲知兩段
元是一空

Ohne Fehler, ohne Dinge:
ungeboren, kein Geist.
Fähigkeit zum Einklang zerstört die Begrenzung
und mit den Grenzen versinkt auch die Macht.

Ursprung der Grenzen sind die Grenzen der Macht,
Ursprung der Macht ist die Macht zu begrenzen.
Willst du beide Seiten erkennen:
Grundlage ist die Eine Leere.

一空同兩
齊含萬象
不見精麤
寧有偏黨

大道體寬
無易無難
小見狐疑
轉急轉遲

Die Eine Leere ist gleichsam beides,
in einem enthält sie die zehntausend Formen.
Nicht unterscheiden: fein und: grob
(ist) besser als einseitig sein.

Der Große Weg ist im Grunde offen,
nicht leicht, nicht schwer.
Enger Blickwinkel, Misstrauen,
einmal hastig, einmal träge:

執之失度
必入邪路
放之自然
體無去住

任性合道
逍遙絕惱
繫念乖真
昏沈不好

Festhalten führt zum Verlust des Gleichgewichts,
notwendig treibt es auf Abwege.
Loslassen führt zur Selbstnatur –
Substanz vergeht nicht, noch bleibt sie erhalten.

Im Einklang mit dem Wesen den Weg bejahen,
leichthin wandern und unbetrübt.
Gebundenes Denken verfälscht die Geistkraft,
versinkt in Verwirrung unheilvoll.

不好勞神
何用疏親
欲取一乘
勿惡六塵

六塵不惡
還同正覺
智者無爲
愚人自縛

Unheil und leidende Seele –
wozu ist es gut, dafür, dagegen zu sein?
Wer im Einen Fahrzeug vorankommen will,
verachte nicht die sechs Staub(sinne).

Die sechs Staub(sinne) nicht verachten
stellt gleich wieder wahres Bewusstsein her.
Der Weise tut nicht,
der Narr verstrickt sich.

法無異法
妄自愛著
將心用心
豈非大錯

迷生寂亂
悟無好惡
一切二邊
良自斟酌。

Dharma ist nicht verschieden von Dharma,
Narrenwesen gehört zum Begehren.
Den Geist mit dem Geist erfassen (wollen),
ist das nicht große Verwirrung?

Irrtum gebiert Ruhe und Unruhe,
Erleuchtung (aber) weder Liebe noch Hass.
Das Eine zerschneiden in zwei Teile
ist Selbstbetrug.

夢幻虛華
何勞把捉
得失是非
一時放卻

眼若不睡
諸夢自除
心若不異
萬法一如

Traum, Täuschung (sind) Blumen der Leere,
wozu sich bemühen, danach zu greifen?
Gewinn, Verlust, richtig, falsch,
mit einem Mal fort damit!

Das Auge, wenn es nicht schläft,
wird alle Träume von selbst verwerfen.
Zehntausend Dinge sind einem gleich
für den Geist, der nicht unterscheidet.

一如體玄
兀爾忘緣
萬法齊觀
歸復自然

泯其所以
不可方比
止動無動
動止無止

Das Eine führt in die profunde Tiefe.
(Wer) so entschlossen die Fesseln missachtet,
sieht zehntausend Dinge in einem
und kehrt wieder zurück zur Selbstnatur.

Mach ein Ende dem Wodurch-Darum;
es ist nicht möglich zu vergleichen.
Die Bewegung beenden: Unbeweglichkeit,
das Ende bewegen: Unendlichkeit.

兩既不成
一何有爾
究竟窮極
不存軌則

契心平等
所作俱息
狐疑盡淨
正信調直

Die Zwei nicht beendet:
Eins – wie soll es das geben?
Schlussendlich das Endgültige –
keine Bewegung, keine Regel.

Beginnt der Geist Nicht-Unterscheidung,
hat alles Tun ein Ende.
(Von) Misstrauen völlig gereinigt
(ist) das Urvertrauen in wahrer Harmonie.

一切不留
無可記憶
虛明自照
不勞心力

非思量處
識情難測
真如法界
無他無自

Völlig ungehindert,
ist nichts mehr zu vermerken, besorgen;
unvoreingenommen klar, selbstverwirklicht
mühelose Geistesmacht.

Denken misst und füllt es nicht,
Wissen und Fühlen loten es nicht aus.
Unwandelbare Soheit ist die Welt des Dharma,
ohne ein Anderes, ohne ein Selbst.

要急相應
唯言不二
不二皆同
無不包容

十方智者
皆入此宗
宗非促延
一念萬年

Musst du spontan antworten,
erwidere und sprich »Nicht-zwei«.
Nicht-zwei – völlig identisch:
nichts, was nicht angenommen wäre.

Die Weisen aller zehn Weltgegenden
betraten sämtlich diesen Pfad.
Der Pfad ist nicht eilig, (nicht) säumig,
zehntausend Jahre – ein Gedanke.

無在不在
十方目前
極小同大
忘絕境界

極大同小
不見邊表
有即是無
無即是有

Ohne da zu sein oder nicht da zu sein,
in allen Richtungen (liegt er) vor Augen.
Winzig klein – wie groß:
Grenzen und Gräben zerbrochen, vergessen.

Riesig groß – wie klein:
keine feste Schranke.
Sein entspricht dem Nichtsein,
Nichtsein dem Sein.

若不如此
必不須守
一即一切
一切即一

但能如是
何慮不畢
信心不二
不二信心

Wo es nicht so ist:
Keinesfalls darf man (dem) folgen.
Eins ist wie alles,
alles wie Eins.

Wenn das aber möglich ist,
warum sorgen, (es) nicht (zu) vollenden?
Der Wahre Geist (ist) Nicht-zwei,
Nicht-zwei der Wahre Geist.

言語道斷
非去來今

Worte gesprochen: den Weg beendet –
kein Gehen, kein Kommen mehr.

Nachwort

Von Hans-Günter Wagner

Das Lehrgedicht *Xinxinming*[1] (jap. *Shinjinmei*; im Folgenden immer mit seinem chinesischen Originaltitel genannt) ist Teil einer langen indisch-chinesischen Tradition buddhistischer Philosophie, deren Erkenntnisprozesse auf meditativer Erfahrung beruhen. Die 146 Zeilen sind ohne Reim,[2] folgen jedoch

1 Die drei Zeichen bedeuten 1. Vertrauen oder glauben (信 – *xin*; im vierten chinesischen Ton gesprochen), 2. Herz (心 – *xin*; im ersten der chinesischen Töne gesprochen; dieses Zeichen ist gleichbedeutend mit Geist) und 3. Inschrift oder eingravieren (銘 – *ming*). Es existieren bereits einige Übertragungen ins Deutsche, die unterschiedliche interpretatorische Zugänge ermöglichen. Nicht nur Teile des Werkes, auch bereits der Titel erlaubt unterschiedliche Deutungen; so lauten bisherige deutsche Übersetzungen zum Beispiel: »Meißelinschrift meines Glaubens«, »Meißelinschrift vom Vertrauen in den Geist«, »Einprägung des Vertrauens in den Geist«, »Vom Glauben im Herzen«, »Gedichtsammlung über den Glauben an den Geist« oder schlicht »Inschrift meiner Überzeugungen«. Das *Xinxinming* ist Teil der *Aufzeichnungen über die Weitergabe der Lampe* (景德傳燈錄 – *Jingde Chuandeng Lu*), ein 30-bändiges Werk mit Lebensgeschichten chan-buddhistischer und anderer prominenter Mönche, das zum offiziellen Kanon des chinesischen Buddhismus (大藏經 – *Dazangjing*) gehört. (*Taishō Daizōkyō*, T. 2076, Bd. 30, verfügbar unter: https://cbetaonline.dila.edu.tw/zh/T2076_030, [11.4.2024]).

2 Zumindest im heutigen Chinesisch reimen sie sich nicht.

einer strengen Symmetrie von je 4 Schriftzeichen je Zeile.[3] Zum besseren Verständnis dieser poetischen Reflexion über das Ich, das Dasein und den Weg der Befreiung ist ein Blick auf die indischen Ursprünge dieser Tradition hilfreich. In China flossen in den Buddhismus zudem Lehren und Methoden des Daoismus ein, Chinas indigener Religion. Das *Xinxinming* ist Ausdruck einer Synthese von mahayanabuddhistischen und daoistischen Denkweisen sowie einer meditativen Praxis, wie sie für die Schulen des Chan- und später des japanischen Zen-Buddhismus prägend wurde. Das Werk gilt als grundlegendes Manifest der chan- bzw. zen-buddhistischen Richtung und ist inzwischen auch im westlichen Buddhismus weit verbreitet. Mit seinem poetischen Bekenntnis zu einer nichtdualen Sicht der Wirklichkeit und dem Fokus auf die Subjekt-Objekt-Relationen anstelle einer Substanz-Metaphysik leistet das *Xinxinming*

Möglicherweise reimten sich zur Entstehungszeit einige Wörter, aber durch Lautveränderungen über die Jahrhunderte gingen die Reime verloren.

3 Im offiziellen chinesischen Kanon buddhistischer Werke (*Taishō Daizōkyō*) ist der Text nicht in Blöcke unterteilt. Dagegen unterteilen die Übertragungen ins moderne Chinesisch (白話文 – *baihuawen*) wie auch die Übersetzungen in westliche Sprachen den Text der besseren Lesbarkeit wegen in Zweier- oder Viererblöcke. Dieser Praxis wird auch hier gefolgt.

auch einen Beitrag zu einer neuen, interkulturellen Philosophie.

Die indischen Ursprünge des *Xinxinming* und der frühe Buddhismus

Im alten Indien waren sich die Menschen der allgegenwärtigen Vergänglichkeit der Dinge sehr bewusst. Die vedische Philosophie ist vor allem praktisch und erklärt, auf welche Weise die Menschen ein ethisches und durch rituelle Pflichterfüllung bestimmtes Leben in einer durch Tod und Vergänglichkeit bestimmten Welt führen sollen. Es herrschte die feste Überzeugung, dass es hinter der vergänglichen Welt etwas Ewiges gebe, das man Brahman nannte. Auch in jedem einzelnen Wesen sei Brahman gegenwärtig in Form der Einzelseele Atman, die sich am Ende ihrer langen karmischen Reise über unzählige Leben schließlich wieder mit Brahman zu ewiger Seligkeit vereine. Was den Buddhismus als Reformbewegung innerhalb der brahmanischen Religion auszeichnet, war nicht die Feststellung der Vergänglichkeit und Unbeständigkeit aller Phänomene – das war bereits das herrschende Gedankengut der Zeit –, sondern dass diese auch auf den Erkennenden selbst ausgeweitet wird. Warum sollte in der allgegenwärtigen

Vergänglichkeit gerade die menschliche Seele ewig und unvergänglich sein? Diese Frage gründete zum einen auf logischem Räsonnement und zum anderen auf der empirischen Unmöglichkeit, im menschlichen Körper und genauso wenig im Geist irgendwo ein Ich oder etwas Bleibendes und Unveränderliches dingfest machen zu können. Buddha stellte mit seiner Anattā-Lehre die Existenz einer ewigen Seele ebenso in Frage wie die eines Ichs als ontologische Entität.

Was ist letztlich wirklich?

Die grundlegenden philosophischen Lehren des Buddhismus sind in einem Werk mit dem Sanskrit-Namen *Abidharma-kosha* (»Schatzkammer des höheren Wissens der buddhistischen Lehre«) niedergelegt. Dort findet sich u.a. eine Bestimmung derjenigen Faktoren, die jeglicher Existenz zugrunde liegen und die als *dharmas*[4] bezeichnet werden. Die Schule der *Sarvāstivādins*[5] (wörtl. ›diejenigen, die Sutren folgen‹) lehrte, dass diese Faktoren wirklich existieren

4 Pali *dhammas*, chin. 法 – *fa*.

5 Chin. 说一切有部 – *Shuo Yiqie You Bu*. Der chinesische Name lässt sich mit »Realisten« übersetzen (›diejenigen, die lehren, dass alles existiert‹).

und dass sie die letztlich einzigen Realitäten seien. Die *dharmas* dürfen aber keinesfalls mit materiellen Elementen, wie beispielsweise Atomen, gleichgesetzt werden. Sie stehen immer im Zusammenhang mit einem wahrnehmenden Subjekt. Eine wichtige Unterscheidung liegt darin, ob sie bedingt, das heißt nur in Verbindung mit anderen Phänomenen existieren, oder unbedingt sind. Unbedingte *dharmas* gibt es nur ganz wenige, so den Raum und das Nirvana. Aber ob diese wirklich unbedingt sind, ist in den buddhistischen Schulen umstritten. So heißt es beispielweise, dass man vom Raum nur sprechen könne als dem Raum zwischen zwei Objekten. Ohne begrenzende Gegenstände sei so etwas wie Raum gar nicht definierbar. Daher sei er gar nicht absolut und unbedingt. Gleiches gelte für das Nirvana: Ohne Samsara ergäbe dieser Begriff keinen Sinn. Dieses Argument wurde später auf die Spitze getrieben, und einige meinten, eigentlich gebe es zwischen Nirvana und Samsara auf höchster Ebene gar keinen Unterschied. Das traf schnell auf Widerspruch. Wenn nämlich beide gleich sind, so der Einwand der Kritiker, kann es keine Erlösung vom Leid der Wandelwelt geben. Eigentlich sei dann jeder schon erlöst, und es bestehe damit keine Notwendigkeit mehr, Gutes zu tun und nach heilsamem Karma zu streben.

Weitere, zwischen den frühbuddhistischen Schulen umstrittene Themen betrafen das korrekte Verständnis von Buddhas Lehren über das Ich und die Persönlichkeit. Hinsichtlich der Person lehrte Buddha die Existenz der fünf *skandhas.*[6] Was wir als ein Ich verstehen, sei in Wirklichkeit das Wechselspiel der körperlichen Form mit den Empfindungen, den Wahrnehmungen, den Willenskräften und dem Bewusstsein. Das Ich sei nur ein illusionäres Gebilde, ein Produkt unserer Imagination. Die *skandhas* werden im Frühbuddhismus als reale Gegebenheiten betrachtet und zählen somit zu den *dharmas.* Über den Tod des Individuums hinaus formierten sich die *skandhas* immer wieder neu. Anstelle einer ewigen Seele werde also ein ununterbrochener Strom sich beständig wandelnder Phänomene wiedergeboren. Diese Auffassung steht nun in einem offensichtlichen Gegensatz zur Karma-Lehre, nach der ein jeder in diesem und künftigen Leben die Frucht seiner Taten erntet. Wenn es aber nun keine Person als Träger der karmischen Saat und Ernte gibt, so stellt sich auch hier die Frage, warum denn das Gute tun, wenn ich die karmische Belohnung gar nicht einstreichen

6 Pali *khandha*, chin. 蘊 – *yun* (wörtl. ›Anhäufungen‹).

kann? Oder warum schlechte Handlungen unterlassen, wenn die Folgen nur von anonymen *dharmas* ausgebadet werden müssen?

Im Pali-Kanon (der ältesten Sammlung in der Pali-Sprache überlieferter Lehrreden) sind die Aussagen Buddhas dazu nicht eindeutig. Nach dem *Anguttara-Nikāya* sind die Wesen »Eigner und Erben ihres Wirkens […] und die guten und bösen Taten, die sie vollbringen, werden sie zum Erbe haben«.[7] Nach der Lehre von den *skandhas* gibt es jedoch kein über den Tod hinausgehendes Seelenkontinuum. Anders hingegen ist die Darstellung im *Sutra vom Lastenträger* (*Bhāra Sutta*), in dem Buddha von der Last, dem Festhalten der Last und dem Lastenträger spricht. Die Last, das seien die fünf Gruppen des Ergreifens,[8] das Festhalten der Last sei der Durst, der zur Wiedergeburt führe, und das Ablegen der Last sei sein schließliches Versiegen. Der Lastenträger aber – und das ist die umstrittene Aussage – sei »die Person«.[9] Einige Inter-

7 Vgl. https://www.palikanon.com/angutt/a10_178_219.html#a_x205 (28. 3. 2024).

8 Gemeint sind Körper, Empfindungen, Wahrnehmungen, Willensgestaltungen und Bewusstsein – also die fünf *skandhas*.

9 Vgl. *Bhāra Sutta. The Burden*, translated from the Pali by Maurice O'Connell Walshe, in: https://www.accesstoinsight.org/tipitaka/sn/sn22/sn22.022.wlsh.html (25. 7. 2024). Zu diesem Text und den dadurch aufgekommenen Wider-

preten erklärten alsbald, diese Passage meine in Wahrheit nicht, was vordergründig gesagt wird. Was Buddha hier die »Person« nennt, sei nichts weiter als eine Imagination. Andere verstanden die Passage hingegen so, dass hier allein auf die konventionelle Realitätswahrnehmung Bezug genommen werde, nicht jedoch auf die höchste (*paramattha*), in welcher überhaupt nichts real Wahrnehmbares existiere. Dagegen formierten sich die »Personalisten« (*pudgalavādins*)[10], die behaupteten, dass die Person sehr wohl im höchsten Sinne erfasst und ganz pragmatisch zum Gegenstand realer Erfahrung gemacht werden könne. Für diesen Zweck legten sie ein Konzept vor, das sich auf die aktiven Elemente der Handlungen eines Individuums bezieht. Sie waren und blieben allerdings die einzige buddhistische Schule, die annahm, dass es ein solches festes Selbst gibt.[11]

Es lässt sich nicht mehr rekonstruieren, ob diese

sprüchen vgl. zum Beispiel Edward Conze, *Buddhistisches Denken. Drei Phasen buddhistischer Philosophie in Indien*, aus dem Engl. übers. von Ursula Richter, Frankfurt a. M. 1988 [u. ö.], S. 173 ff.; Erich Frauwallner, *Die Philosophie des Buddhismus*, Berlin 1994, S. 24 f.

10 Chin. 補特伽羅論者 – *Butejialuo Lunzhe*.

11 Zur Debatte um diesen Text vgl. zum Beispiel Vincent Eltschinger, »Is There a Burden-bearer? The Sanskrit *Bhārahārasūtra* and Its Scholastic Interpretations«, in: *Journal of the American Oriental Society* 134 (2021) H. 3, S. 453–479.

Widersprüche in Buddhas Äußerungen selbst liegen, ob sie auf Fehler in der mündlichen Übertragung über viele Jahrhunderte zurückzuführen sind oder ob es sich um spätere Änderungen von Schreibern und Kommentatoren handelt. Zur Klärung dieser Debatte wird immer wieder das *Milindapañhā* herangezogen, ein dem Theravada-Buddhismus zugeordneter Pali-Text aus dem 4.–5. Jahrhundert n. u. Z. Dort werden Tod und Wiedergeburt mit der Übertragung des Feuers von einer auf eine andere Kerze verglichen: Die Kerze ist neu, doch die Flamme brennt weiter – also eine Gleichzeitigkeit von Kontinuität und Bruch.[12] Eine Erläuterung, die kryptisch bleibt und Raum für weitere Deutungen lässt.

Allumfassende Leerheit – die neue Sicht des Mahayana-Buddhismus im *Xinxinming*

In China setzten sich schließlich die Lehren des Mahayana durch, jene spätere Richtung, die sich außer auf den Pali-Kanon auf ein Korpus von Sanskrittexten stützt, die Buddha auf überweltlichen Zusammentreffen realer Menschen mit himmlischen

12 Vgl. https://www.palikanon.com/diverses/milinda/milin_idx.html (27.8.2024).

Wesenheiten offenbart haben soll. Von Theravada-Buddhisten werden diese Werke als authentische Buddha-Worte aber nicht anerkannt. Mit der Dominanz des Sanskrit-Buddhismus wird auch die spätere Kritik am Frühbuddhismus und dessen Lehren von der realen Existenz der *dharmas* übernommen. Zu Beginn des 5. Jahrhunderts wurde ein Text des Inders Harivarman[13] ins Chinesische übersetzt, der die diesbezüglichen Auffassungen der *Sarvāstivādins* kritisiert und bald große Verbreitung erfuhr. Hatten diese den *dharmas* eine reale Existenz zuerkannt, befand Harivarman nunmehr, dass nicht nur die fühlenden Wesen frei von einem Ich seien, sondern auch die *dharmas* ausnahmslos alle *leer*. Es handele sich um Scheinrealitäten, denen kein wahres, substantielles Sein zukomme. Der buddhistische Gegenbegriff zur aristotelischen Substanz (griech. *ousía*) als dem Dauerhaften innerhalb aller Veränderung ist die *Große Leere*. Ein an »Substanz« und »Subjekt orientiertes Denken kann dieses buddhistische »Nichts« kaum erfassen. Dieses »Nichts« bedeutet vor allem, dass nichts herrscht. Was in tiefer Meditation erfahren wird, ist kein dunkles »vernichtendes Nichts«, sondern eine Einsicht in das, was alles Seiende verbindet. Es ist also keine Suche nach Beschäftigung allein mit

13 In China unter dem Namen 诃梨跋摩 – *Helibamo* bekannt.

sich selbst, bei dem alles andere abgeschnitten wird, wie Hegel einmal der buddhistischen Versenkung unterstellte.[14]

Der Grund für die Einschätzung der *dharmas* als Scheinrealitäten liegt in ihrer Bedingtheit. Wahre Existenz könne nur dem zukommen, was nicht von anderen Phänomenen abhängt und nicht dem Werden und Wandel unterworfen ist. In den sich zu dieser Zeit allmählich etablierenden Richtungen des chinesischen Buddhismus fand diese Auffassung weitgehend Zustimmung. Ergänzt wurde sie um das Konzept der »Zwei Wahrheiten«. Neben der *gewöhnlichen Wahrheit*, in der wir die Dinge so sehen und bezeichnen, wie sie uns alltäglich erscheinen, gebe es eine *höchste oder »wirkliche« Wahrheit*, in der alle Dinge leer und frei von inhärenter Eigenexistenz seien.[15]

Ist die ganze Welt nur »reiner Geist«?

Aus der Feststellung, dass die *dharmas* letztlich leer sind, ergab sich nun eine ganze Reihe logischer und

14 Zu dieser fehlerhaften Einschätzung Hegels siehe Byung-Chul Han, *Philosophie des Zen-Buddhismus*, Ditzingen 2002 [u. ö.], S. 13 f., 18 f. und 43 f.

15 Im Chinesischen werden sie mit 俗谛 – *sudi* und 真谛 – *zhendi* bezeichnet.

erkenntnistheoretischer Probleme, welche die Debatten der damaligen Zeit bestimmten. Wenn selbst die *dharmas* nicht real sind und ihnen nur eine Scheinrealität zukommt, was ist dann letztlich überhaupt wirklich? Die Schule der *Yogācārins*[16] lehrte, dass alles »nur Bewusstsein« oder »reiner Geist« sei. Einige meinten, man könne über die Dinge der Objektwelt überhaupt nichts sagen, leugneten eine objektive Welt jenseits des Geistes völlig. Das alles führte zu ähnlichen Paradoxien wie in den Debatten zwischen den Fraktionen des Materialismus und des Idealismus in der europäischen Philosophie, insbesondere wenn die Aussagen auf sich selbst angewandt werden. Wenn alles nur Schein ist und nichts wirklich existiert, dann wäre ebendiese Aussage das einzig Wahre und Wirkliche. Wo alles Geist sein soll und jeder Gegensatz zum Materiellen nur eingebildet ist, verliert der Begriff Geist seine Bedeutung, gründet sich dieser doch erst auf die Existenz eines anderen, das weder mit ihm identisch noch in ihm enthalten ist. Führt man diese Gedanken zu Ende, landet man schnell beim Solipsismus: Nichts existiert außer dem eigenen Ich. Dessen Existenz stellte Buddhas Lehre aber nun gerade in Frage. Deshalb mussten hier andere Lösungen gefunden werden. Die Yogācārins

16 Chin. 瑜伽行 – *Yujiahang.*

sahen das Problem und lieferten (vereinfacht) die folgende Erklärung: Wir können nicht sinnvoll über Dinge sprechen, die nicht in unserem Bewusstsein gegenwärtig sind. Doch handelt es sich nur um Vorstellungen. Kein reales Objekt der Außenwelt entspricht ihnen. Sie seien also ebenso unwirklich wie das eingebildete Selbst, das an ihre Existenz glaubt. In Wirklichkeit sei alles, was wir wahrnehmen und denken, auf das Wirken von »Keimen« (Sanskrit *bīja*) zurückzuführen, die seit anfangsloser Zeit im großen und umfassenden Bewusstsein der Welt wirkten. Aufgrund unserer früheren Erfahrungen sei unser Bewusstsein von ihnen durchsetzt, sie glichen einer Staubschicht auf einem Spiegel, so dass man die reflektierten Gegenstände nicht mehr erkennen könne.[17]

17 Dabei wurde zwischen gemeinsamen Keimen aller Wesen und den individuellen eines jeden Wesens unterschieden, um erklären zu können, warum Menschen in grundlegenden Aspekten ihres alltäglichen Lebens die Welt auf gleiche Weise wahrnehmen, zum Beispiel einen Baum, ein Haus oder einen Berg an der gleichen Stelle erkennen. Aber die damit verbundenen Vorstellungen und Konzepte unterscheiden sich voneinander. So versuchte man zugleich das Problem der nicht geklärten Intersubjektivität des buddhistischen Geistesbegriffs in den Griff zu bekommen.

Ein weiteres zentrales Werk der Nur-Geist-Schule ist das *Laṅkāvatāra-Sutra*[18], dem schon Bodhidharma große Bedeutung beigemessen und das er als Erster in China verbreitet haben soll. Wie im *Xinxinming*, so gibt es auch in diesem Werk Belehrungen in Versform (ergänzt allerdings um kleine Geschichten, Lehrreden, Dialoge und kommentierende Erläuterungen). Das Sutra legt dar, dass alle Erscheinungen der Welt, alle Formen und Bezeichnungen der Dinge nichts als Manifestationen des Geistes sind. Alle Konzepte von Ursache und Abfolge, von ursprünglichen Elementen der Wirklichkeit wie von Persönlichkeit, Seele und höchstem Wesen seien nichts als Vorstellungen, hervorgebracht aus dem Geist. Das betreffe das Sein und Nichtsein von Dingen ebenso wie die Kausalität selbst: »Nichts entsteht jemals durch Verursachung und nichts hört durch sie auf zu existieren.«[19] Durch die Übung der Versenkung richte sich der Geist auf seine eigene Quelle. Dabei hebe er

18 Chin. 楞伽經 – *Lengjiajing*, im chinesisch-buddhistischen Kanon: *Taishō Daizōkyō*, Bd. 16, Nr. 671; deutsche Übersetzung: *Lankavatara-Sutra. Die makellose Wahrheit erschauen* (2010), hrsg. und übers. von Karl-Heinz Golzio, München 2010.

19 *Lankavatara-Sutra* (s. Fußn. 18), S. 99.

die Sinnentätigkeit und das Sinnesbewusstsein aber nicht auf, sondern führe sie auf die Stufe höchster Bewusstheit. Die dabei angewandte Technik ist die des Sich-Abwendens von aller begrifflich-analytischen Gedankentätigkeit, weil ebendiese eine Loslösung blockiere und das Subjekt immer tiefer in die Welt verwickle. In der Meditation wird das Selbst »ent-spiegelt«, während der Adept sich ganz ins Vergängliche vertieft. Das Ziel ist die Befreiung von Leid und Anhaftung, während man inmitten der Dinge verbleibt. Genau diese Methode erklärt die Bedeutung des *Laṅkāvatāra-Sutra* für die Chan-Praxis. Am Ende soll die Erkenntnis reifen, dass die wahre Leere nichts vernichtet, sie letztlich gar nicht verschieden ist vom Gestalthaften.[20] In philosophischer Hinsicht sieht das Sutra im Wahrnehmungsakt nicht die Betrachtung einer vom Betrachter unabhängigen Wirklichkeit, sondern einen aktiven, die Wirklichkeit gestaltenden Prozess, wobei der Einzelne aber nicht als Schöpfer der Welt aufgefasst wird, sonst könnte das Ich nicht gleichzeitig als illusionäres Gebilde klassifiziert werden. Was die Wesen an den Kreislauf der Wiedergeburten kette, sei schlicht ein falsches Verständnis von Subjekt und Objekt.

20 Siehe Han, *Philosophie des Zen-Buddhismus* (s. Fußn. 14), S. 32 und 50.

Spirituelle Befreiung ist wichtiger als die Suche nach letzter Wahrheit

Weder den Yogācārins noch den anderen buddhistischen Schulen kam es auf eine metaphysische Erklärung der Welt an, sie waren nicht auf der Suche nach der letzten Wahrheit der Dinge. Ihr Anliegen war vielmehr, einen Erlösungsweg aus dem von Leid getränkten Dasein zu weisen. Im durch ethisches Handeln und wahre Versenkung erwachten Geist werde der Spiegel wieder rein und erkenne das wahre Wesen der Dinge, nämlich ihre Wesenlosigkeit, und dass alles nur in wechselseitiger Abhängigkeit voneinander existiert. Wer das erkenne, könne in den vollkommenen Zustand des Nirvana eintreten. Als sich mit der Ernennung des sechsten Chan-Linienhalters Huinengs der Chan im 7. Jahrhundert in zwei Richtungen spaltete und die einheitliche Überlieferungslinie endete, entfaltete sich die Debatte entlang der Frage, ob sich die Erleuchtung allmählich, durch unermüdliche Übung einstelle oder ob sie in einem plötzlichen Ereignis über den Adepten komme. Die Vertreter des allmählichen Erwachens griffen auf die Spiegel-Metapher zurück und lehrten, dass man durch stetes und tägliches Bemühen allen Staub von ihm abwischen müsse. Huineng, der Rebell des plötzlichen Erwachens, hielt dem entgegen, dass es ursprünglich weder einen Spiegel noch Staub auf ihm gebe. Im Grunde sei alles »leer« sei, ganz egal, ob und wie man übe – das sei die grundlegende Erkenntnis.[21]

Die mittlere Sicht

Den Gegenpol zur Nur-Geist-Schule der Yogācārins bildet die *Mādhyamaka-Schule.*[22] Dabei handelt es sich um die vor allem von dem indischen buddhistischen Philosophen Nāgārjuna[23] begründete *mittlere Sichtweise*, jenseits von »die Dinge existieren« und »die Dinge existieren nicht«. Diese philosophische Fraktion des Mahayana-Buddhismus hat bei der Entwicklung des Chan eine wichtige Rolle gespielt. Nāgārjuna versuchte die erkenntnistheoretischen Paradoxien seiner Zeit in erster Linie durch die Methode der Negation aufzulösen. Geistige Grundlage die-

21 Zu Rezeption der indischen buddhistischen Philosophie in China vgl. zum Beispiel: Erich Frauwallner, *Die Philosophie des Buddhismus*, Berlin 1994, S. 86 ff.; Christoph Kleine, *Der Buddhismus in Japan. Geschichte, Lehre, Praxis*, Tübingen, S. 31–39 und 78–81; Hans-Günter Wagner, *Buddhismus in China. Von den Anfängen bis in die Gegenwart*, Berlin 2020, S. 509–563.

22 Chin. 中觀見 – *Zhongguanjian.*

23 In China unter dem Namen 龍叔菩薩 – *Longshu Pusa* bekannt.

ser im zweiten nachchristlichen Jahrhundert begründeten Tradition ist die Lehre von der Leerheit aller Erscheinungen (Sanskrit *shūnyatā*)[24]. Nāgārjuna wandte sich vehement gegen das Konzept der Essenz oder Existenz der Dinge aus sich heraus. Alles, was nur aus sich existiere, könne nicht Objekt von Veränderung sein, so seine Schlussfolgerung. Als Folge dieser Feststellung unternahm er den kühnen Versuch, die Unwirklichkeit der Außenwelt exakt zu beweisen. Die Erscheinungswelt zeige sich in Begriffen, die logisch unmöglich seien. Aus dieser logischen Unmöglichkeit schloss er auf ihre Nichtexistenz. Sein höchstes Prinzip ist das »Entstehen in Abhängigkeit«, das er mit dem Konzept der Leerheit gleichsetzte: Die Phänomene der Welt sind frei von inhärenter Eigenexistenz, das heißt, sie existieren nicht aus sich heraus, sondern im Gewebe des Lebens nur in der Verbundenheit von allem mit allem. »Der Vogel schaut die Blume an und die Blume schaut den Vogel an [...]. Der Vogel ist auch die Blume; die Blume ist auch der Vogel.«[25]

In China wurde die Philosophie Nāgārjunas vor allem so interpretiert, dass die Leerheit nicht das Nichts

24 Chin. 空 – *kong*, 虛 – *xu* oder 虛空 – *xukong*.

25 So eine Erklärung von Byung-Chul Han (s. Fußn. 14, S. 47), eine Vielzahl ähnlicher zen-buddhistischer Metaphern in einen einzigen Ausdruck kondensierend.

sei, sondern die Dinge wohl existieren, ihnen aber keine Eigenexistenz zukomme. Hinzu kam die Auffassung, dass jedes einzelne Ding – bis zum winzigsten Sandkorn – die endgültige Wahrheit eines jeden anderen Dinges vollständig in sich berge. Genau das ist die Auffassung, die das *Avataṃsaka-Sutra*[26] verkündet, ein im chinesischen Buddhismus weit verbreiteter kanonischer Text, auf den sich jedoch genauso die Yogācārins berufen. Das »Sutra der Blumengirlanden« richtet sein besonderes Augenmerk auf die wechselseitige Durchdringung aller Dinge und Phänomene sowie die Beziehung des Teils zum Ganzen und umgekehrt. Neben philosophischen Erörterungen geht es um ethisches Handeln. Wer zum Beispiel ein Lebewesen tötet, töte sich in gewissem Sinne selbst und alle anderen Wesen, da alle miteinander verbunden sind. Das Sutra beschreibt zehn gegenseitige Durchdringungen, die von »Alle Lebewesen durchdringen einen Körper – ein Körper durchdringt alle Lebewesen« bis zu: »Alle Zeiten durchdringen eine Zeit – eine Zeit durchdringt alle Zeiten« reichen. Vergangenheit, Zukunft und Gegenwart bedingen sich gegenseitig, sind ineinander verwoben und in einem jeden Augenblick zu finden. Die

26 Chin. 華嚴經 – *Huayanjing*, in: 大方廣佛華嚴經 – *Taishō Daizōkyō*, Bd. 9, Nr. 278.

scheinbar getrennten Erscheinungen der Welt seien in Wahrheit alle miteinander verknüpft. Sie existierten nur durch ihre wechselseitige Abhängigkeit. Jedes Ding enthalte alle anderen. Das »Blumengirlanden-Sutra« zeichnet ein Bild der Wirklichkeit als vielfach verknüpftes und allumfassendes Netz komplexer Beziehungen.

Die *Mādhyamaka*-Schule wollte weder die Lehre von »Alles ist Geist« noch die Auffassung der »Realisten«, die der Materie eine eigene Existenz zubilligten, bestätigen. Stattdessen verwarf Nāgārjuna beide Auffassungen durch eine Kette logischer Negationen aller positiven Aussagen, bis am Ende allein das Nicht-Negierbare übrig blieb. Die Philosophen der Mādhyamaka-Schule akzeptierten die Lehre von den *dharmas*, erklärten jedoch, dass diese selbst frei von inhärenter Eigenexistenz seien. Damit blieb die Frage, was denn letztlich wirklich existiere, weiterhin offen. Die Mādhyamakas wichen der Antwort durch die Aufzählung aller deklinierbaren Negationen aus und erklärten die höchste Wirklichkeit als ohnehin jenseits der Worte menschlicher Sprache liegend. Ihre philosophischen Gegenspieler, die Yogācārins, leugneten zwar die Realität einer äußerlichen Wirklichkeit, akzeptierten allerdings die Realität des Bewusstseins, das ebensolche und unzählige andere Vorstellungen zu erzeugen imstande sei.

Die ins Chinesische übersetzten philosophischen Texte der Mādhyamaka- und Yogācāra-Schulen fanden in den gebildeten Schichten Chinas rasche Verbreitung. Die Lehre fiel auf fruchtbaren Boden. Zudem brachte der Buddhismus eine Innovation, die eine Leerstelle der bestehenden Glaubenslehren des Landes zu füllen schien: Es war dies die Vorstellung eines urbedingten und grundsätzlich unaustilgbaren Fehlers der wahrnehmbaren Welt. Sowohl der Daoismus als auch der Konfuzianismus, und ebenso die vorangegangenen Naturreligionen, zeigen eine grundsätzlich lebensbejahende Haltung und verstehen die Erfahrung der Welt nicht vornehmlich als Leidensprozess. Während das buddhistische Heilsziel in der Befreiung vom Leid der Welt durch das Hinaustreten aus dem endlosen Kreislauf von Tod und Wiedergeburt liegt, streben die Daoisten nach Glück und Vollkommenheit im irdischen Leben. Für sie ist Harmonie möglich, wenn sich die Dinge im Einklang mit ihrem Ursprung, dem Dao, befinden, denn das Dao repräsentiert in ihrer Sicht die vollkommene Ordnung der Dinge. Die Vorstellung einer Vollkommenheit der Welt jenseits der sinnlich erfahrbaren Wirklichkeit verbindet Buddhismus und Daoismus miteinander und ermöglichte im Laufe der Jahrhunderte – trotz Heilskonkurrenz und Zeiten wechselseitiger Schmähung – einen produktiven Austausch. Viele der Lehren und Praktiken des Daoismus wurden in China in den Buddhismus integriert, und umgekehrt haben auch die Daoisten buddhistische Auffassungen, wie beispielsweise die Karma-Lehre, in ihren eigenen Lehrkorpus integriert.

In einigen Aspekten dem buddhistischen Nirvana vergleichbar, ist im Daoismus das *Dao* der große Zentralbegriff, um den sich alles dreht. Es gilt als Ursprung aller Dinge, als das, was allem zugrunde liegt und alle Wesen verbindet. Alle weiteren zentralen Kategorien, wie die Lehre von der universellen Lebensenergie, dem ewigen Wechselspiel von Yin und Yang sowie das Modell von den grundlegenden Wandlungsphasen der Dinge[27] sind aus ihm abgeleitet. Die ursprüngliche Bedeutung ist »Weg«, und das Wort wird auch heute noch so gebraucht. Im Dao wird das höchste Prinzip der Wirklichkeit gesehen und gleichzeitig der Weg oder die Methode, zu diesem zu gelangen bzw. dieses zu verwirklichen. In beiden Religionen werden die gläubigen Anhänger auch »Pfadgänger« (道人 – *daoren*) genannt, das heißt Menschen, die diese Lehren zur Richtschnur ihres alltäg-

27 In westliche Sprachen oft mit »Elemente« übersetzt: Feuer, Wasser, Erde, Holz und Metall.

lichen Lebens machen. Stärker noch als das Nirvana wird das Dao mit dem Attribut des Ewigen und Unergründlichen belegt, zugleich repräsentiert es die Gesetzmäßigkeit der Welt. Seine Prinzipien umgreifen die der Natur ebenso wie die der gesellschaftlichen Ordnung. An einem Punkt unterscheidet sich das Dao der Daoisten allerdings vom *Xinxinming*: Im Daoismus ist das Dao der große Gleichmacher der Dinge und das, was in allem existiert und gegenwärtig ist, im *Xinxinming* ist es jedoch die letztliche Leerheit von allem, die Abwesenheit aller Merkmale, genannt auch das »Sosein« aller Phänomene.[28]

Das Unbenennbare

Gleich in den ersten Sätzen des *Daodejing*, Laozis Grundlagenwerk der daoistischen Lehre, heißt es, das Namenlose sei der Ursprung von allem; was wir hingegen benennen können, sei die Mutter der Dinge. Zhuangzi, der zweite Ahnherr des Daoismus, bringt die Unmöglichkeit der Versprachlichung des Dao mit

28 Zu dieser Unterscheidung vgl. Dusan Pajin, »On Faith in Mind«, in: *Journal of Oriental Studies* (University Hong Kong), Bd. XXVI, (1988) Nr. H. 2, S. 270–288, verfügbar unter: https://afrodita.rcub.bg.ac.rs/~pajin/text/hsin1.htm (16.4.2024).

dessen Grenzenlosigkeit in Verbindung: »Was unerschöpflich und unaufhörlich ist, lässt sich nicht in Worte fassen, sie sind an Lebewesen gebunden und werden von ihnen bestimmt [...]. Das Dao kann es nicht geben; wenn es existieren würde, könnte es nicht nichts sein. Der Name ›Dao‹ wurde ihm künstlich verliehen, um darüber zu sprechen.«[29] Im daoistischen Diskurs wird oft zwischen zwei Arten (oder Erscheinungsformen) des Dao unterschieden: Da ist zunächst das in Worte gefasste Prinzip, das Dao, über das gesprochen werden kann (*kedao*), dem dann das ewige und unveränderliche Dao (*changdao*)[30] gegenübergestellt wird. Letzteres sei unausdrückbar in den Worten der Sprache. An diesem Punkt lässt sich eine gewisse Ähnlichkeit mit den oben (S. 55) erwähnten »Zwei Wahrheiten« des Buddhismus feststellen, die ebenfalls zwischen einer alltäglichen und einer höchsten Ebene von Wirklichkeit unterscheiden.

Wie das Dao, so ist auch das Nirvana[31] eine Bezeichnung für den Zustand des Unbedingten und Unerschaffenen. Alle Begierden und jedes Verlangen nach Verkörperung erlöschen in seiner Vollkommenheit. Nach der buddhistischen Lehre gibt es im Nirva-

29 *Zhuangzi. Das Buch der daoistischen Weisheit*, aus dem Chin. von Viktor Kalinke, Ditzingen 2019, S. 303.

30 可道 – *kedao* und 常道 – *changdao*.

31 Pali *nibbāna*, chin. 涅槃 – *niepan*.

na kein Kommen und kein Gehen, keine Geburt und keinen Tod, kein Werden und kein Vergehen, keine Reinheit und keine Befleckung: ein Zustand, frei von aller Anhaftung und vor allem von allem Leid. Wie das Dao, so gilt auch das Nirvana als eigentlich Namen- und Zeichenloses, als das Unaussprechliche, das sich jeder Definition entzieht. Statt danach zu streben, es in Worte zu fassen, soll man sich mit seiner Undefinierbarkeit zufriedengeben. Doch genauso wie das Dao wird das Nirvana gleichzeitig mit Adjektiven nahezu überschüttet, die allesamt Heilssehnsüchte nähren. Neben einer Rhetorik der Wortlosigkeit verbindet beide die Vorstellung des Todlosen als einer Realität, die alles Individuelle transzendiert. Dauerhaft und beständig, unwandelbar und unzerstörbar, ohne Anfang und ohne Ende, durch nichts verursacht, ungeboren und nicht der Auflösung unterworfen – so werden das Dao und das Nirvana vielfach beschrieben. Ihre Namenlosigkeit ist allerdings nicht Ausdruck einer überweltlichen Entrücktheit, sondern eher Ausdruck der Unmöglichkeit einer angemessenen Thematisierung inmitten der Präsenz unserer über die Sprache vermittelten Welt.[32]

32 Anstelle von Transzendenz im Sinne des Überschreitens eines fernen Horizonts geht es um Immanenz, also das, was allem innewohnt: »Das Namenlose der Daoisten ist […] nicht deshalb namenlos, weil es ›über alles überwesentlich ent-

Eine weitere Quelle für die buddhistische Wortlosigkeit stellt das erwähnte *Laṅkāvatāra-Sutra* dar. Das »Nichtsprechen« sei das wahre Sprechen des Buddha, heißt es dort. Der Text gipfelt in der Behauptung, dass der Buddha seit der Nacht seiner Erleuchtung bis zu seinem Eintritt ins Parinirvana an seinem Lebensende in Wirklichkeit kein einziges Wort gesagt habe und auch in der Zukunft kein Wort sagen werde[33]: Das Unausdrückbare ist auch das Unentstandene – und Unentstandenes kann nicht der Vernichtung unterworfen sein.

Das *Xinxinming* als Synthese buddhistischer und daoistischer Philosophie

Um die buddhistische Philosophie als Lehre und Praxisanleitung für den spirituellen Alltag zu präsentieren, bedient sich das *Xinxinming* einer wortreichen

rückt‹ wäre, weil es über jedwede Repräsentation erhaben wäre, sondern weil es seinen strukturellen Ort ›inmitten der Präsenz‹ hat und dort die Nicht-Präsenz zur Geltung bringen kann« (Hans-Georg Möller, *In der Mitte des Kreises. Daoistisches Denken*, Berlin 2010, S. 200). Möller weist zugleich auf ein Paradox hin: »Wenn das Namenlose als Namenloses bezeichnet wird, ist es nicht mehr namenlos, insofern es jetzt wenigstens den Namen ›Namenloses‹ trägt« (ebd., S. 197).

33 Vgl. *Lankavatara-Sutra* (s. Fußn. 18), S. 151 und 243.

Rhetorik der Wortlosigkeit. Insbesondere wird einer Logik des Nondualismus das Wort geredet. Die gesamte Lehre des Chan-Buddhismus findet sich hier in konzentrierter Form. Der Weg sei groß und weit, um ihn zu gehen, müsse der Adept alle vorgefassten Meinungen fallen lassen. Der Welt der Täuschungen wird eine Welt des Wahren gegenübergestellt. Die höchste Wirklichkeit ist gleichzeitig wunderbar und doch bar aller beschreibbaren Eigenschaften. An verschiedenen Stellen ist von der Vollkommenheit der *Großen Leere* die Rede (z. B. S. 9, auch S. 13, 15, 19, 21, 29), jenem unerschöpflichen Potential aller nur möglichen Wirklichkeiten, aus dem alle Dinge kommen und wohin sie am Ende zurückkehren. Der Geist soll entleert werden durch Wachheit, Sammlung und ununterbrochene Achtsamkeit. Wahre Erkenntnis erlange nur, wer sich von jeglichem Wollen und Verlangen freimache. Der Weise verwickle sich nicht in den ewigen Streit des Dafür und Dagegen. Die Welt, wie sie wirklich ist, erfahre man nur gelöst von jeder gedanklichen Tätigkeit und somit jenseits aller Worte. Je mehr man davon spreche, desto weiter entferne man sich vom Ort des Wahren. Jede Unterscheidung führe weg von der wahren Natur der Wirklichkeit, dem Einen und Ungeteilten, wo erkennendes Subjekt und erkanntes Objekt noch nicht auseinandergetreten sind. Die Subjekt-Objekt-Beziehung wird als untrennbar und unauflöslich gesehen. Daher die entschiedene Kritik des »Dualismus«. Die »Zweiheit« sei das große Hindernis auf dem Wege. Der wahre Adept strebe nach dem *Einen*, wohl wissend, dass dieses für immer unfassbar bleiben muss. Die Methode wahrer Erkenntnis sei das absichtslose Schauen. Hier sind die Anleihen beim Daoismus unübersehbar. Die Übung »Das Eine betrachten«[34] ist auch in der daoistischen Meditationspraxis ein essentieller Teil der Übung. Wer wahrhaft erkennen will, so das *Xinxinming*, der soll nicht wählen und nicht unterscheiden, vor allem aber von Vorlieben und Abneigungen lassen und seinen Geist öffnen. Im Zentrum der Dinge ist nichts.

Der Chan-Dichter Wang Anshi (1021–1086) drückte es rund vierhundert Jahre später in einem Vers so aus:

Aus dem Nicht-Denken kommen die Wolken
Ins Nicht-Denken kehren sie zurück
Der Geist verweilt nirgendwo
An keinem Ort ist er zu finden[35]

34 Chin. 守一 – *shou yi*. Man kann auch übersetzen mit: »Das Eine bewahren«.

35 Übersetzung zit. nach: *Kommen und gehen – kein Unterschied. Die Lyrik des Chan-Buddhismus*, Bd. 2: *Gedichte aus den Fünf Dynastien und der Song-Dynastie*, aus dem Chin.

Im *Xinxinming* wird der »Eine Geist«[36] erwähnt (S. 17). Alle *dharmas* seien letztlich gleich und nur im Geist vorhanden. Doch dieser »Eine Geist« ist die Leerheit, in der Subjekt und Objekt nicht getrennt sind und alle Dinge eigenschaftslos. Sehr deutlich ist der Einfluss des *Shūraṅgama-Sutra* zu erkennen.[37] Nach eingehenden Belehrungen über die Nicht-Substantialität und Falschheit der Sinneswahrnehmungen spricht Buddha in diesem Mahayana-Text über den Geist, der sich aus den Eindrücken der Sinne speise und diese verarbeite. Je mehr dieser denke und sich differenziere (also Unterscheidungen treffe), desto mehr entferne er sich vom *wahren Geist*, dem Zustand ursprünglicher und unveränderlicher Einheit und Reinheit. Es sei also gerade das unterscheidende Denken, das fort vom Ursprung führe. Erst wenn die Denkwahrnehmung vom Dualismus der Phänomene getrennt werde (zum Beispiel im Tod), schwinde die falsche Vorstellung von Substantialität. Dann würde endlich klar, dass das System der Sinneswahrneh-

übertr. und komm. von Hans-Günter Wagner, Stammbach 2009, S. 125.

36 Chin. 一心 – *yixin*; im Sanskrit *eka-citta* genannt.

37 Vgl. 首楞嚴經 – *Lengyanjing*, in: *Taishō Daizōkyō*, Bd. 19, Nr. 945; deutsche Übersetzung: *Shurangama-Sutra (Das große Kronen-Sutra)*, hrsg. und übers. von Dr. Raoul von Muralt, leicht überarb. Nachdr. der Originalausg. 1969, Frankfurt a. M. 2007.

mungen und ebenso die Denkbegriffe eine nur illusorische Realität sind. Am Ende gebe es nur *das Eine.* Und in diesem *Einen* manifestiere sich die wahre, erleuchtete Natur des Geistes. Dass dies nicht erkannt wird, hänge mit den herrschenden falschen Vorstellungen zur wirklichen Natur der Objekte zusammen, die zwischen Erscheinung und Essenz nicht unterscheiden.

Wie schmutziges Wasser in einem Glas klar wird, wenn man es nicht mehr aufrührt, so wird der Geist klar, wenn völlige Ruhe eintritt. Es geht mehr um eine unmittelbare, praktische Erfahrung als um ein metaphysisches Konzept. Die Achtsamkeit auf den gegenwärtigen Augenblick ist der Schlüssel zu aller Erkenntnis und spirituellem Fortschritt. In jedem Augenblick liegt stets die ganze Welt und das Ewige. So endet der Text mit dem Hinweis auf eine zeitlose Realität, in der es zwischen Kommen und Gehen keinen Unterschied mehr gibt. In der höchsten Wirklichkeit existiere weder ein Ich noch ein Anderes. In alltagspraktischer Hinsicht soll jede Hektik und Aufgeregtheit vermieden werden. Gelassenheit im Handeln und Ruhen in dem *Einen* – das sei der einzig richtige Weg im Leben wie in der Meditation. Grundlage dafür sei das »Vertrauen in den Geist«, der Glaube an die Möglichkeit des Erwachens zu der einen und ungeteilten Wirklichkeit.

Bisher galt Sengcan[38] (?–606),[39] der dritte Linienhalter des Chan-Buddhismus in China, als Verfasser des *Xinxinming*. Seine Urheberschaft wird jedoch inzwischen aufgrund neuer fachwissenschaftlicher Forschungen in Frage gestellt.[40] Auch um seine Person und seinen tatsächlichen Status gibt es mehr Legenden als belegbare Fakten. Ein indischer (nach anderer Ansicht persischer) Mönch namens Bodhidharma brachte gegen Ende des 5. Jahrhunderts den Chan-Buddhismus nach China und gilt als erster Vertreter dieser buddhistischen Schule im Land der Mitte. Seine Existenz ist ebenfalls nicht gesichert; er wird als stilisierte Figur späterer Linienhalter gesehen, die ihre Macht und ihren Einfluss durch Verweis auf glorreiche Vorgänger zu legitimieren versuchten. Auf Bodhidarma folgte Huike (vermutlich 487–592) als zweiter Linienhalter. Sein

38 Chin. 僧璨

39 Nach einigen Quellen soll er ein Alter von 80, nach anderen sogar von 100 Jahren erreicht haben und unter einem Baum sitzend in die »Große Verwandlung« eingetreten sein. Jahrzehnte nach seinem Tod verlieh ihm der Tang-Kaiser Xuanzong den posthumen Ehrennamen Jianzhi (鑑智), der »Spiegelgleiche Weisheit« bedeutet.

40 Vgl. Pajin, »On Faith in Mind« (s. Fußn. 28); Henrik H. Sorensen, »The ›Hsin-Ming‹ Attributed to Niu-T'ou Fa-Jung«, in: *Journal of Chinese Philosophy* 13 (1986) S. 101–120.

Wirken ist relativ gut dokumentiert. Das gilt ebenso für den vierten Linienhalter Daoxin (580–651), dessen Schriften bis heute überdauert haben. Wenig ist hingegen über den zwischen beiden stehenden Sengcan bekannt, als dessen einzige Hinterlassenschaft das *Xinxinming* gilt. Einer Legende nach litt Sengcan unter Lepra und wurde deshalb von Huike zunächst zurückgewiesen, schließlich aber mit dem Argument, dass der höchste Weg keine Unterschiede zwischen krank und gesund kenne, von ihm als Schüler angenommen. Später soll Huike ihn dann zu seinem Liniennachfolger bestimmt haben. Aufgrund der geringen Bekanntheit Sengcans kommen einige Forscher zu dem Ergebnis, dass dieser erst nach seinem Tod zum Linienhalter erklärt wurde, allein um die (fiktive) Existenz einer auf den historischen Buddha zurückgehenden und bis in die Gegenwart andauernden Überlieferungslinie des plötzlichen Erwachens nicht durch eine Lücke zwischen Huike und Daoxin in ihrer Glaubwürdigkeit zu erschüttern. Seine geringe Bekanntheit zu Lebzeiten führte man auf seine Bescheidenheit zurück sowie auf die Tatsache, dass er erst in der Mitte seines Lebens zum Schüler Huikes wurde und ihm somit einfach weniger Zeit blieb, eine einflusssichernde große Schülerschar um sich zu sammeln.[41]

41 Vgl. Chen Jinhua, »Fact and Fiction: The Creation of the ›Third Chan Patriarch‹ and his Legends«, in: *Studies on Bud-*

Ungeklärte Autorschaft des Werkes

Letztlich hing auch die Glaubwürdigkeit Bodhidharmas als ersten Geistträgers des Chan in China von der Kontinuität einer ununterbrochenen Kette der Übertragung *von Herz zu Herz* und jenseits schriftlicher Überlieferungen ab. Hinzu kommt, dass aus dieser Zeit Aufzeichnungen über zwei Mönche namens Sengcan in den Annalen zu finden sind. Der eine trägt den Beinamen »der Meditierende«, der andere »der Textkommentator«. Nach einigen Quellen soll »Sengcan, der Meditierende«, der von den meisten als Verfasser des *Xinxinming* angesehen wird, jedoch bereits viele Jahre früher verstorben sein.[42] Daraus folgt, dass Daoxin, sein Nachfolger, bereits im jugendlichen Alter von unter 20 Jahren von ihm dazu

dhist Myths: Texts, Pictures, Traditions and History, hrsg. von Bangwei Wang [u. a.], Shanghei 2012, S. 249–299, hier S. 266 f., 286 und 289 f.), online: https://terebess.hu/zen/Sengcan.pdf (29. 3. 2024); »Jianjie chanzong sanzu Sengcan de yisheng yiseng zhong zhi bao«, in: https://baijiahao.baidu.com/s?id=1657879452288884124&wfr=spider&for=pc (30. 4. 2024).

42 Es gibt aber auch Forscher, die zu belegen versuchen, dass es sich beim Verfasser des *Xinxinming* um »Sengcan, den Textkommentator« handele. Dieser werde in den Aufzeichnungen viel öfter erwähnt und als die prominentere Person porträtiert. Zum Forschungsstand zur Person Sengcans vgl. beispielsweise: John McRae, *The Northern School and the Formation of Early Ch'an Buddhism*, Honolulu 1987, S. 281; Chen Jinhua, »Fact and Fiction« (s. Fußn. 41).

ernannt worden sein müsste. Eine im April 1982 bei Ausgrabungen in Hangzhou entdeckte Steinfliese enthält eine Inschrift, die besagt, dass ein Mönch namens Sengcan im 12. Jahr der Herrschaft von Kaiser Kaihuang der Sui-Dynastie, die nur von 581–618 währte, verstorben sei. Das wäre das Jahr 592 und würde den Status Sengcans als dritten Linienhalter weiter in Frage stellen, ist es doch sehr unwahrscheinlich, dass er den damals gerade zwölfjährigen Daoxin bereits zu seinem Nachfolger bestimmt hätte. Außerdem stünde das im Widerspruch zu vorhandenen Aufzeichnungen, die besagen, dass Daoxin erst im Alter von 14 Jahren zu seinem Schüler wurde. Die Unklarheiten um Person und Status Sengcans sind auch dem Umstand geschuldet, dass dieser zur Zeit der Buddhistenverfolgung durch den Herrscher Wu (er regierte 561–578) lebte und sich für mehr als ein Jahrzehnt in den Bergen, insbesondere dem Wangshan, vor den Nachstellungen der kaiserlichen Behörden verstecken musste. Über die Art und Weise der Weitergabe des Linienhalterstatus an Daoxin finden sich in bekannten historischen Werken wie dem *Chuan fabao ji* und dem *Lengqie shizi ji* unterschiedliche Aufzeichnungen.[43] Bei Sengcan, dem mutmaß-

43 Vgl. Chen Jinhua, »Fact and Fiction« (s. Fußn. 41), S. 274 und 277.

lichen Verfasser des *Xinxinming*, handelt es sich also um eine Schattengestalt, über deren historische Existenz und Rolle im Chan-Buddhismus nur vage und widersprüchliche Informationen überliefert sind.

Nach dem gegenwärtigen Forschungsstand ist das *Xinxinming* in seiner heutigen Form erst viele Jahrzehnte später entstanden und soll von dem Oberhaupt der Ochsenkopf-Richtung des Buddhismus, Niutou Farong (594–657), verfasst worden sein, einem Schüler des vierten Linienhalters Daoxin.[44] Niutou Farong habe dabei auf zwei Vorgängerwerke zurückgegriffen, als deren einer der Verfasser ein Laienbuddhist namens Fu (497–569) gilt, der bereits zu Lebzeiten als Heiliger verehrt wurde. Bei dem anderen Werk soll es sich um einen Text Sengcans handeln. Das *Xinxinming* ist also sehr wahrscheinlich ein Werk verschiedener Autoren, an dem über mehrere Generationen gearbeitet wurde. Manche Forscher datieren das endgültige Werk sogar erst auf die ersten Jahrzehnte des 8. Jahrhunderts.

Der Lehrzweig der Ochsenkopf-Schule (*Niutouzong*) nimmt einen dritten Standpunkt jenseits der sogenannten Nördlichen und der Südlichen Richtung ein.[45] Die Ochsenkopf-Vertreter treiben die Vor-

44 Vgl. Pajin, »On Faith in Mind« (s. Fußn. 28), insbes. S. 10 f.; Sorensen, »The ›Hsin-Ming‹«, S. 101 (s. Fußn. 40).

45 Vgl. Heinrich Dumoulin, *Geschichte des Zen-Buddhismus*,

stellung der Leere so auf die Spitze, dass sie sich ins Paradox verkehrt: Nicht nur die Phänomene der Welt seien gleich den Trugbildern eines Traums, auch die Leerheit und selbst jene die Leerheit erkennende Weisheit (Sanskrit *prajñā*)[46] existierten letztlich gar nicht. Welche Aussage auch immer getroffen werde, letztlich sei sie leer. Wenn es nichts gibt, das wahrgenommen werden kann, dann ist auch das wahrnehmende Bewusstsein nur eine Illusion. Weil alles »leer« sei, brauche man weder Tugenden zu pflegen, noch sich in Reinheit zu üben. Wenn nichts und niemand wirklich existiere, warum dann aber noch Leid und Unwissenheit aufheben wollen? – Diese Frage blieb unbeantwortet.

Vielleicht sind heute für die meisten Leserinnen und Leser des *Xinxinming* die Empfehlungen für den spirituellen Alltag wichtiger als die Textgeschichte oder die ontologische Problematik. Wahrhaft frei ist nur, so lässt sich eine der zentralen Aussagen auch noch für die Gegenwarten deuten, wer nach nichts strebt, an gar nichts haftet, nichts fürchtet, aber auch nichts erhofft. Freiheit manifestiert sich nur im völ-

Bd. 1: *Indien und China*, Bern/München, S. 114; Sorensen, »The ›Hsin-Ming‹« (s. Fußn. 40), S. 103.

46 Das chinesische Wort dafür ist 智慧 – *zhihui*; in buddhistischen Übersetzungen wird *prajñā* jedoch oft, dem Sanskrit-Begriff folgend, mit 般若 – *boruo* übersetzt.

ligen Gegenwärtigsein. Aus einer solchen Geisteshaltung formulieren einige Chan-Texte als Ideal das Nicht-Denken bzw. den Nicht-Geist (*wu xin*), das Nicht-Bewusstsein (*wu shi*) sowie das Nicht-Handeln (*wu wei*).[47] Es ist bemerkenswert, dass im *Xinxinming* keine Sanskrit- oder Pali-Worte auftauchen, wie sonst in vielen der zeitgenössischen buddhistischen Schriften, dafür aber mit *wu wei* ausdrücklich ein Kernbegriff des Daoismus verwendet wird. Auch dies belegt die Synthese buddhistischen und daoistischen Denkens in diesem Werk.

Der Beitrag des *Xinxinming* zum globalen philosophischen Diskurs

Interkulturelles Philosophieren beginnt mit einer Reflexion über die unterschiedlichen Ausgangspunkte ontologischer Debatten. Reine Wahrheitssuche im Sinne der griechischen Philosophie korrespondiert mit der Suche nach dem richtigen Lebensweg. Dem westlichen Drang nach Wissen allein um des Wissens willen steht im alten östlichen Denken das Streben nach Erlösung gegenüber. Rolf Elberfeld spricht unter Verweis auf Martin Heidegger von der Grund-

47 無心 – *wu xin*, 無識 – *wu shi* und 無爲 – *wu wei*.

stimmung der »Verwunderung« bei Platon und Aristoteles im Unterschied zur Grundstimmung der »erleidenden Trauer« bei Buddha.[48] Während der Verwunderte immer mehr wissen will, führt die »leidende Trauer« zur Frage nach dem Warum der Vergänglichkeit und wie man sich aus ihr lösen kann. Damit tritt das Subjekt der Erlösung auf eine andere Weise ins Zentrum als im Westen. Welterkenntnis koinzidiert mit Selbsterkenntnis. Alles ist aus dem gleichen Stoff gemacht, daher die Rede von der *einen* Wirklichkeit. An die Stelle einer Entgegensetzung von Ich und Welt tritt der unauflösbare Verbindungszusammenhang beider ins Zentrum der Aufmerksamkeit. Das Subjekt ist nicht länger einfach gegeben und mit dem Nimbus eines unantastbaren Ewigkeitsversprechens gesegnet, sondern löst sich in meditativer Schau in seine konstituierenden Elemente von körperlicher Form, Wahrnehmungen, Empfindungen, Willenskräften und das sie speisende Bewusstsein auf.

Es ist eine Welt, in welcher der Adept, der in der Nacht dem Klang fallenden Regentropfen vor seinem Fenster lauscht, im Hören plötzlich die Gewissheit erlangt, dass der Regen da draußen er selbst ist. Der

48 Vgl. Rolf Elberfeld, *Phänomenologie der Zeit im Buddhismus. Methoden interkulturellen Philosophierens*, Stuttgart-Bad Cannstatt [2]2010, S. 57, 60 und 65 f.

Mensch, der in den ewigen Fluss des Heraklit steigt, kann als Subjekt seinem Fließen nichts entgegensetzen, er ist vergänglich wie der Fluss selbst. Auf dem Meer gibt es keine Wellen, sondern die Wellen sind vom Meer untrennbar. Am Himmel leuchten keine Blitze, sondern das Leuchten ist der Blitz und dessen Wahrnehmung.

Chan- und zenbuddhistische Texte regen im Rahmen interkulturellen Philosophierens auch zu einem Nachdenken über die Wirkungen unterschiedlicher Sprachen auf das philosophische Denken an. Das Altchinesische unterscheidet sich von den indogermanischen Sprachen durch anders geprägte Beziehungsgefüge von Subjekt und Prädikat. Das Geschehen und das Erfahren sind wichtiger als die Feststellung von »Wahrheiten«. Selbst Verben und Adjektive lassen sich nicht immer streng unterscheiden. Grüne Gräser sind gleichzeitig ergrünende Gräser.[49] Anders als in der durch eine strikte Subjekt-Objekt-Dichotomie bestimmten Welt der Wissenschaft, versagt die analytische Sprache bei der Mitteilung meditativer Erfahrung. Der Adept mit den Regentropfen hat nichts mitzuteilen, was Wahrheitsmacht und Gültigkeitsansprüche zu reklamieren hätte. Es geht um die eige-

49 Elberfeld (ebd., S. 78, 90 und 104) stellt dazu fest, dass hier die »Geschehensqualitäten« noch vor der Trennung in Subjekt und Objekt liegen.

ne, selbst gewonnene Einsicht und den persönlichen Weg, den man anderen mit-teilt. In diesem Sinne ist das *Xinxinming* das poetische und zugleich lehrgedichthafte Abhandeln metaphysischer Probleme anstelle einer messerscharfen Analyse.

Inhalt